Sarah Damak

W0182912

Les Biscuits

MAISON YAMAMA
EDITION & DIFFUSION

Prise de photos :
Salma M'BAREK
Abdelhamid BOUCHNAK

Création graphique:
YAMAMA

Sommaire

Biscottes aux fruits secs

Préparation :
30 minutes

Cuisson :
45 minutes

Ingrédients

- 50 g d'amandes
- 50 g de noisettes
- 50 g de pistaches
- le blanc de 3 œufs + 1 pincée de sel
- 125 g de sucre
- 90 g de farine

Préparation :

- Faites griller les fruits secs dans une poêle ou au four pendant 2 ou 3 minutes, laissez refroidir.
- À l'aide d'un fouet électrique, battez les blancs d'œuf avec une pincée de sel, ajoutez le sucre et continuez de fouetter jusqu'à dissolution du sucre.
- Incorporez la farine puis les fruits secs, mélangez tous les ingrédients à l'aide d'une cuillerée en métal.
- Versez le mélange dans un moule à cake, aplatissez la surface.
- Mettez au four à température moyenne (180 °) pendant 25 minutes.
- Retirez du four et laissez refroidir quelques instants.
- Coupez en tranches de 1 cm, disposez sur une feuille sulfurisée, remettez au four à basse température (160°) pendant 15 minutes.
- Retournez sur l'autre côté après 10 minutes.
- À conserver dans une boîte pendant une semaine.
- À manger au petit déjeuner ou au goûter.
- Les fruits secs cités peuvent être remplacés par les noix.

1
2
3

Biscuits aux amandes et à la confiture

Préparation : 35 minutes

Cuisson : 15 minutes

Ingrédients

- 300 g de beurre
- 180 g de sucre
- 4 jaunes d'œuf + 2 jaunes d'œuf
- 1 cuillerée à soupe de zeste d'orange
- 400 g de farine
- 1 cuillerée à soupe de confiture de fraise
- 100 g de poudre d'amande

Préparation :

- Fouettez le beurre à l'aide d'une fourchette ou d'un fouet électrique pour rendre crémeux.
- Ajoutez le sucre, les jaunes d'œufs et le zeste d'orange, continuez de fouetter jusqu'à obtenir un mélange homogène.
- Incorporez la farine petit à petit, mélangez bien pour obtenir une pâte molle, remplissez un cône en plastique et sur une plaque à four couverte de feuille de cuisson formez des roses espacées.
- Farinez une cuillère en bois (pour qu'elle ne colle pas) et appuyez au centre de chaque rose pour former un creux.
- Badigeonnez les roses avec les 2 jaunes d'œuf battus, remplissez le creux de confiture et saupoudrez de poudre d'amandes.
- Mettez au four préalablement chauffé à une température moyenne jusqu'à cuisson.

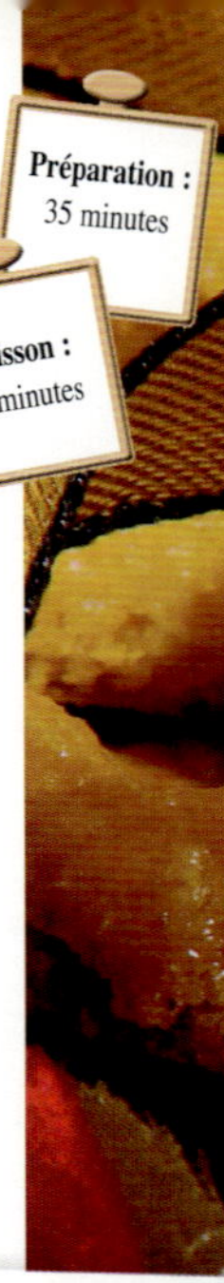

3

2

4

5

6

Biscuits aux amandes

Préparation :
30 minutes

Cuisson :
20 minutes

Ingrédients

- 150 g de beurre
- 150 g de sucre (1 verre)
- 1 œuf
- 1 cuillerée à café de vanille
- 1/4 de cuillerée à café de sel
- 150 g de farine
- 100 g d'amandes en poudre (3/4 de verre)
- 2 cuillerées à soupe d'eau glacée

pour la garniture :

- quelques amandes entières,
- 1 cuillerée à soupe d'amandes grossièrement hachées, chocolat noir et blanc fondu

Préparation :

- Fouettez le beurre avec le sucre à l'aide d'une fourchette ou d'un fouet électrique pour rendre crémeux.
- Ajoutez l'œuf, la vanille et le sel en continuant de fouetter.
- Mélangez les amandes en poudre avec la farine, incorporez-les petit à petit au 1er mélange en alternance avec l'eau jusqu'à obtention d'une pâte homogène molle.
- Enroulez la pâte dans du papier alimentaire, mettez au réfrigérateur pendant 1/2 heure jusqu'à durcissement.
- Étalez la pâte sur une planche farinée d'une épaisseur de 1,5 cm.
- Découpez à l'aide d'un couteau de petits morceaux, formez des bâtonnets ou des boulettes, enfoncez une amande au centre
- Disposez-les sur une plaque à four couverte de papier de cuisson, mettez au four à température moyenne (160°) pour rendre doré.
- Une fois refroidis, couvrez de chocolat fondu et saupoudrez d'amandes concassées.

1

2

3

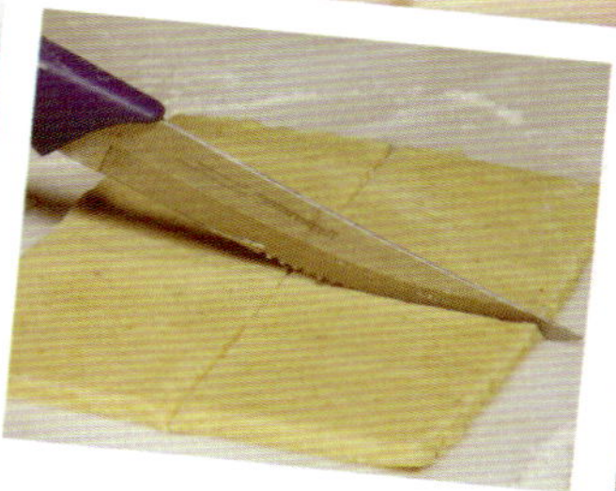

4

Biscuits aux amandes et aux zestes de citron

Préparation :
15 minutes

Cuisson :
15 minutes

Ingrédients

- 60 g de beurre
- 1/2 cuillerée à café de zeste d'orange
- 1/2 cuillerée à café de zeste de citron
- 50 g de sucre
- 75 g de farine
- 2 cuillerées à soupe d'amandes en poudre
- 1 blanc d'œuf
- 75 g d'amandes effilées
- 1 cuillerée à café de sucre glace

Préparation :

- Dans un bol, fouettez le beurre , le sucre et le zeste de citron et d'orange à l'aide d'un fouet électrique jusqu'à obtention d'un mélange crémeux et blanc.
- Ajoutez la farine et les amandes en poudre, pétrissez pendant 2 ou 3 minutes.
- Formez des bâtonnets (2 cm de longueur), mettez au réfrigérateur pendant 20 minutes jusqu'à durcissement de la pâte.
- Battez le blanc d'œuf à l'aide d'une fourchette, plongez-y les bâtonnets de pâtes puis enrobez d'amandes effilées, disposez dans une plaque à four couverte de papier de cuisson.
- Mettez au four à température moyenne pendant 15 minutes ou jusqu'à ce que les biscuits deviennent dorés.
- Saupoudrez de sucre glace et laissez refroidir.
- À conserver dans une boîte pour 3 semaines

1
2
3
4

Cœurs aux noisettes

Préparation : 15 minutes

Cuisson : 15 minutes

Ingrédients

Quantités pour 48 pièces

- 60 g de noisettes grillées et concassées
- 60 g de chocolat
- 125 g de sucre
- 1 œuf
- 125 g de farine
- 2 cuillerée à café de levure chimique
- 1/2 cuillerée à café de bicarbonate
- 125 g de chocolat blanc
- 48 noisettes grillées
- 80 g de chocolat fondu

Préparation :

- Mettez les noisettes et le chocolat dans un mixer, broyez finement, évitez d'obtenir une pâte.
- Fouettez le beurre et le sucre jusqu'à devenir crémeux.
- Ajoutez l'œuf et fouettez, incorporez la farine après l'avoir tamisée, le mélange noisette-chocolat moulu et mélanger pour obtenir une pâte lisse.
- Couvrez une plaque à four par le papier cuisson.
- Étalez la pâte à l'aide du rouleau à pâtisserie en bois sur une épaisseur de 1/2 cm, découpez en forme de cœurs, disposez les cœurs sur la plaque, mettez au four pendant 15 minutes jusqu'à obtenir une couleur dorée, laissez refroidir sur un gril.
- Faites fondre le chocolat blanc dans un bain-marie tout en remuant, retirez du feu.
- Trempez les cœurs d'un seul côté, posez sur un gril pour durcir.
- Trempez les noisettes entières dans le chocolat noir fondu, posez sur le biscuit laissez durcir et collez.
- À conserver dans une boîte pendant 4 jours.

1

2

3

Biscuits aux dattes

Préparation :
35 minutes

Cuisson :
25 minutes

Ingrédients

- 150 g de beurre
- 100 g de sucre
- 500 g de farine - un peu de sel
- 1 verre de lait tiède (20 cl)
- 1 boite de crème fraîche (20 cl)
- 2 jaunes d'œufs
- 1 cuillerée à soupe de vanille
- 1 cuillerée à café de levure chimique

Pour la farce :

- 250 g de dattes dénoyautées
- 1 cuillerée à soupe d'huile
- 1 cuillerée à soupe de graines de sésame

Pour la garniture :

- 1 jaune d'œuf et
- 1 cuillerée à soupe de graines de sésame

Préparation :

- Broyez les dattes avec l'huile pour obtenir une pâte molle, ajoutez les graines de sésame et mélangez.
- Fouettez le beurre et le sucre à l'aide d'un fouet électrique à vitesse moyenne jusqu'à obtention d'une crème légère, ajoutez les jaunes d'œufs et la vanille tout en continuant de fouetter.
- Mélangez la farine, la levure et le sel, ajoutez au mélange, continuez de fouettez.
- Incorporez petit à petit le lait et la crème tout en fouettant jusqu'à obtention d'une pâte homogène et molle, couvrez et laissez reposer pendant 15 minutes.
- Divisez la pâte en deux, étalez chaque moitié en forme cylindrique, creusez au milieu tout au long du cylindre
- Divisez la pâte de datte en deux et formez des cylindres moins gros que les premiers.
- Remplissez le creux de la pâte avec le bâtonnet de datte, refermez la pâte et enroulez pour obtenir un bâtonnet de pâte
- Coupez en rondelles de 2 à 3 cm de diamètre.

2
3
4
5

Biscuits aux raisins secs et corn flakes

Préparation : 30 minutes

Cuisson : 15 minutes

Ingrédients

quantités pour 40 pièces

- 1 cuillerée à café de zeste d'orange
- 60 g de pépites de chocolat
- 60 g de raisins secs
- 1 cuillerée à soupe de noix hachées
- 125 g de sucre
- 1 œuf
- 125 g de farine
- 1 cuillerée à café de levure
- 65 g de corn flakes écrasés
- 80 g de chocolat fondu

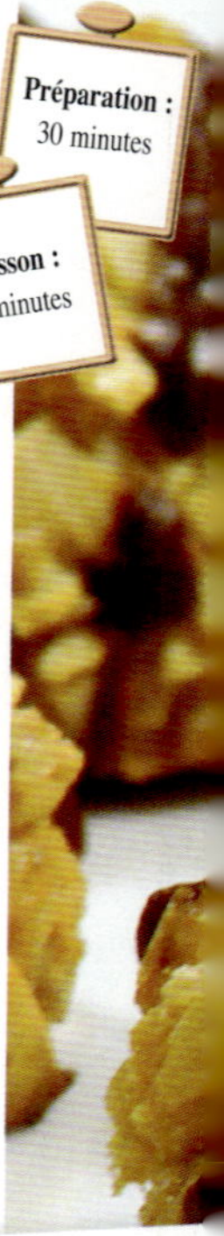

Préparation :

- Dans un bol, mélangez les pépites de chocolat, le zeste d'orange, les raisins secs et les noix.
- Fouettez le beurre et le sucre jusqu'à devenir une crème, ajoutez l'œuf et continuez de fouetter.
- Ajoutez la farine et remuez à l'aide d'une cuillère en métal.
- Mélangez les ingrédients restants avec ce mélange.
- Versez les corn flakes dans une assiette.
- Prenez une cuillerée du mélange, enrobez de corn flakes.
- Disposez les biscuits sur la plaque à four couverte de papier cuisson, laissez cuire pendant 15 minutes dans un four à température moyenne, retirez et laissez refroidir sur un gril.
- Décorez de chocolat fondu.
- Biscuits à conserver dans une boîte pendant une semaine.

1

2
3
4
5

Biscuits bicolores

Préparation :
20 minutes

Cuisson :
12 minutes

Ingrédients

Quantité pour 40 pièces

- 125 g de beurre
- 170 g de sucre
- 1 œuf
- 375 g de farine
- 1 cuillerée à soupe d'amidon
- 2 cuillerée à soupe de cacao
- 50 g de chocolat noir fondu

Préparation :

- Fouettez le beurre et le sucre jusqu'à devenir crémeux, ajoutez l'œuf, mélangez bien.
- Incorporez la farine et l'amidon jusqu'à devenir homogène.
- Divisez la pâte en deux.
- Mélangez une moitié avec le chocolat et le cacao.
- Enroulez chaque moitié dans du papier cuisson et laissez reposer dans le réfrigérateur pendant 10 minutes.
- Étalez chaque pâte sur une épaisseur de 4 mm au maximum.
- Découpez les pâtes à l'aide de deux emporte pièces de tailles différentes (1grand et 1 plus petit).
- Superposez deux pièces une petite sur une grande de couleur différente (une blanche et une marron) , vous obtiendrez un biscuit bicolore.
- Couvrez une plaque à four de papier cuisson et disposez les biscuits.
- Mettez au four à température moyenne pendant 10 ou 12 minutes
- Laissez refroidir sur un gril.

1

2

3

Sablé à la vanille

Préparation : 25 minutes

Cuisson : 15 minutes

Ingrédients

- 400 g de farine spécial
- gâteaux
- 250 g de beurre mou
- 2 jaunes d'œufs
- 125 g de sucre

pour la garniture :

- 2 cuillerées à café de vanille
- 2 cuillerées à soupe de sucre
- 50 g de chocolat noir

Préparation :

- Dans un bol, mélangez la farine, le beurre, le sucre et les jaunes d'œuf, pétrissez bien jusqu'à obtention d'une pâte souple.
- Formez des bâtonnets, découpez-les en morceaux de 1,5 cm de large.
- Formez ces morceaux en croissants, disposez sur une plaque à four couverte de papier cuisson.
- Mettez au four à température moyenne pendant 15 minutes
- Mélangez la vanille et le sucre, versez dans une assiette.
- Badigeonnez les croissants avec ce mélange.
- Faites fondre le chocolat dans un bain marie, mettez dans un cône, décorez les biscuits en dessinant des lignes de chocolat.

1

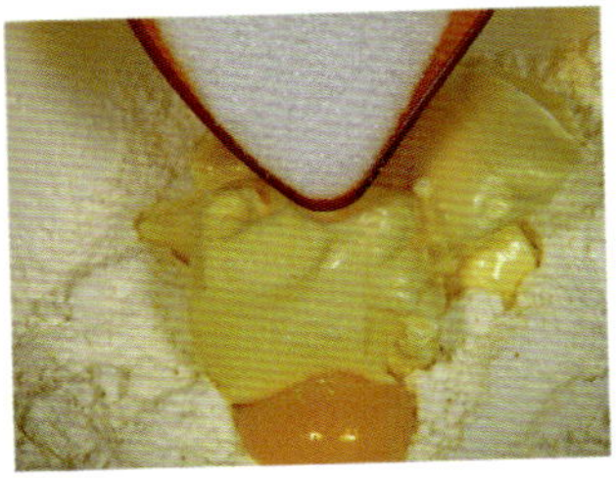

2

3

Sablé à la confiture

Préparation :
15 minutes

Cuisson :
de 10 à 15 minutes

Ingrédients

- 200 g de farine spéciale gâteaux + 1 pincée de sel
- 125 g de beurre mou
  75 g de sucre
- Zeste d'un citron
- 1 œuf + 1 jaune

pour la farce :

- 4 cuillerées à soupe de confiture de fraise ou d'abricot

Préparation :

- Dans un bol, mettez la farine, la pincée de sel, le sucre, le beurre, le zeste de citron, l'œuf et le jaune d'œuf, mélangez tous les ingrédients puis pétrissez jusqu'à obtention d'une pâte souple, laissez reposer pendant 30 minutes.
- Sur le plan de travail fariné, étalez la pâte, à l'aide d'un rouleau de pâtisserie, en feuille de 3 mm d'épaisseur.
- Découpez en disques de 3 cm de diamètre.
- Trouez la moitié des disques obtenus au centre (voir photo N°3)
- Disposez sur une plaque à four couvrez de papier cuisson, mettez dans un four à 180 ° jusqu'à cuisson, laissez refroidir un peu.
- Badigeonnez chaque fois un disque de confiture, couvrez par un autre disque troué, appuyez pour coller.

1

2
3
4

Brisé au chococlat et meringue

Préparation : 40 minutes

Cuisson : 20 minutes

Ingrédients

- 200 g de farine
- 1 cuillerée à café de vanille
- 1 pincé de sel
- 40 g de sucre
- 2 œufs
- 100 g de beurre
- 400 g de cacao en poudre
- 300 g de sucre semoule

pour le glaçage :

- 100 grs de sucre
- 1 petit verre d'eau
- 4 cuillerées à soupe d'eau de fleur d'oranger

Préparation :

- Dans un récipient, mélangez la farine, le sel, la vanille, 40 g de sucre, les jaunes d'œuf (réservez les blancs) et le beurre, pour obtenir une pâte molle,
- Sur la feuille de cuisson, étalez la pâte en rectangle.
- Préparez le sirop : sur feu doux, faites dissoudre le sucre dans l'eau et l'eau de fleur d'oranger jusqu'à ébullition.
- Arrosez le cacao en poudre avec ce sirop, mélangez et laissez refroidir, étalez la pâte.
- Posez-la sur la 1ère pâte.
- Battez les blancs d'œuf en neige, versez-les sur la pâte de cacao.
- Découpez en morceaux rectangulaires, disposez sur une plaque couverte de feuille de cuisson, badigeonnez les côtés de blanc d'œuf, mettez au four à température moyenne jusqu'à cuisson.

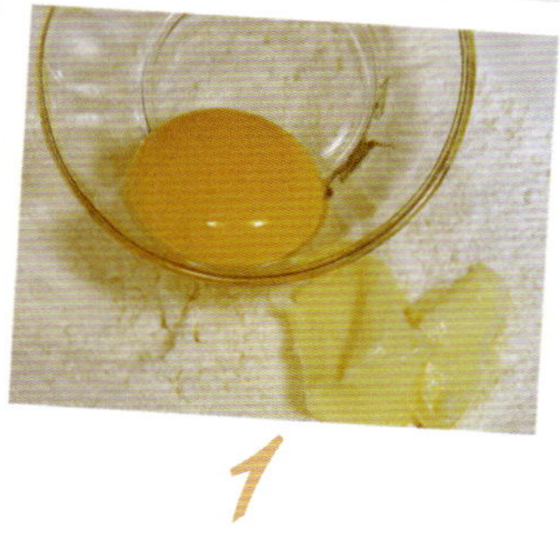

1

2

3

4

Biscuits prince

Préparation : 40 minutes

Cuisson : 10 minutes

Ingrédients

Quantité pour 30 pièces

- 65 g de beurre
- 60 g de sucre
- 60 g de farine
- 1 cuillerée à café de levure pâtissière
- 2 cuillerées à soupe de cacao en poudre
- 2 cuillerées à soupe de lait

pour la crème :

- 1 blanc d'œuf
- 220 g de sucre semoule tamisé
- 1 cuillerée à café de vanille
- 150 g de chocolat pour enrober les biscuits

Préparation :

- Fouettez le beurre et le sucre à l'aide d'un fouet électrique pour obtenir une crème légère.
- Ajoutez la farine tamisée, le cacao et le lait.
- Mélangez tous les ingrédients pour obtenir une pâte molle, pétrissez pendant 2 minutes.
- Divisez la pâte en deux, étalez-la à 3 mm d'épaisseur, coupez en disques de 4 cm de diamètre, disposez sur une plaque couverte de papier cuisson, mettez au four pendant 10 minutes, laissez refroidir sur un gril.
- Battez les blancs d'œuf à l'aide d'un fouet électrique à une vitesse moyenne, ajoutez à chaque fois 2 cuillerées de sucre jusqu'à obtention d'une pâte, formez des boulettes, aplatir et mettez entre deux biscuits.
- Trempez une partie du biscuit dans le chocolat fondu dans un bain marie, laissez sécher.
- À conserver dans une boîte pendant 2 semaines.
- On peut substituer la vanille avec le zeste d'un citron, d'une orange ou l'extrait de menthe.

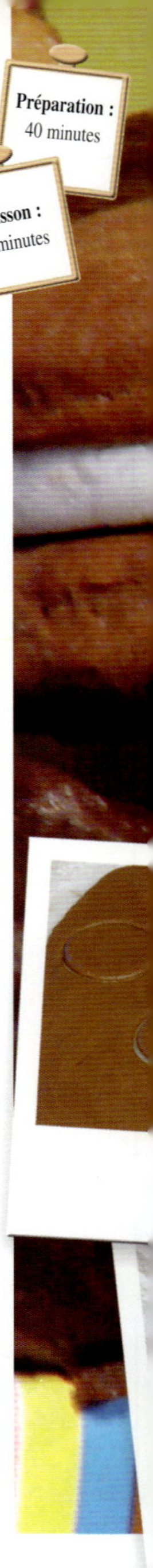

1
2
3
4
5

Biscuits fourrés au chocolat

Préparation : 50 minutes

Cuisson : de 15 à 20 minutes

Ingrédients

- 125 g de beurre
- 60 g de sucre
- 1 cuillerée à café de zeste d'orange
- 125 g de farine
- 1 cuillerée à café de levure chimique
- 60 g d'amidon
- 1 cuillerée à soupe d'eau glacée
- 1 cuillerée à soupe de sucre glace

pour la farce :

- 60 g de chocolat noir
- 60 g de fromage moelleux
- 1 œuf battu

Préparation :

- Fouettez le beurre avec 60 g de sucre jusqu'à devenir crémeux, ajoutez le zeste de l'orange, puis incorporez la farine et l'amidon, bien fouettez avec le fouet jusqu'à devenir homogène, enroulez dans du papier cuisson et mettez dans le réfrigérateur pendant 45 minutes.

Pour la farce :

- Faites fondre le chocolat dans un bain marie.
- Entre-temps écrasez le fromage à l'aide d'une fourchette, ajoutez le chocolat refroidi et l'œuf battu.
- Étalez la pâte à 3 mm d'épaisseur, coupez en cercles de 5 cm de diamètre.
- Mettez une 1/2 cuillerée à café de farce au centre d'un disque de pâte, badigeonnez les extrémités avec le reste de l'œuf battu, couvrez par un autre disque et appuyez sur le bord pour les coller.
- Disposez sur une plaque couverte de papier cuisson.
- Mettez au four pendant 10 à 15 minutes pour rendre dorés.
- Laissez refroidir sur une grille, saupoudrez de sucre glace ou de cacao en poudre.

1
2
3
4
5

Ghrayba

Ingrédients

- **Repos de la pâte** : une nuit au réfrigérateur
- 500 g de farine
  1 pincée de sel
- 2 cuillerées à soupe de graines de sésame
- 1 petit verre d'huile
- 1 petit verre et 1/2 de beurre fondu
- 1 cuillerée à café de levure chimique

Préparation :

- Dans un bol, mélangez la farine, le sucre, les graines de sésame, la pincée de sel, le beurre et l'huile, bien pétrir pendant 5 minutes jusqu'à l'obtention d'une pâte souple, conservez au réfrigérateur pendant une nuit.
- Retirez et incorporez la levure, bien pétrir.
- Formez des boulettes de 3 cm de diamètre.
- Disposez sur une plaque couverte de papier cuisson.
- Mettez au four préchauffé pendant 15 à 20 minutes jusqu'à devenir dorées.
- Saupoudrez de sucre glace les biscuits encore chauds.

1

2
3
4

Makroudhs au chocolat

Préparation :
25 minutes

Cuisson :
10 minutes

Ingrédients

Quantité pour 30 pièces environ

- 125 g de beurre
- 125 g de sucre
- 1 cuillerée à café de vanille
- 2 cuillerées à soupe de corn flakes
- 250 g de farine
- 1 cuillerée à soupe de cacao en poudre
- 50 g de chocolat noir fondu
- 50 g de chocolat blanc fondu

Préparation :

- Fouettez le beurre avec le sucre jusqu'à devenir crémeux.
- Ajoutez la vanille, mélangez, incorporez le corn flakes, la farine et le cacao, malaxez puis pétrissez jusqu'à obtenir une pâte souple.
- Étalez la pâte à 1 cm d'épaisseur, coupez en losanges de 4 cm, disposez sur une plaque couverte de papier cuisson, mettez au four à température moyenne pendant 10 minutes, laissez refroidir.
- Garnir avec le chocolat fondu.

1

2

3

Macarons aux noix de coco et chocolat

Préparation :
30 minutes

Cuisson :
20 minutes

Ingrédients

Quantité pour 24 pièces environ

- 1 blanc d'œuf + 1 pincée de sel
- 80 g de sucre
- 2 cuillerées à café d'amidon
- 90 g de noix de coco râpées
- 70 g de chocolat noir

Préparation :

- Battez le blanc d'œuf avec un fouet électrique, ajoutez le sucre petit à petit tout en fouettant jusqu'à dissolution du sucre, ajoutez l'amidon et mélangez bien.
- Incorporez la noix de coco râpée, remuez à l'aide d'une cuillère en métal.
- Prenez une cuillerée à café de ce mélange et formez une boulette, continuez jusqu'à la fin du mélange.
- Disposez les boulettes sur une plaque à four couverte de papier cuisson.
- Mettez au four à température moyenne pendant 15 à 20 minutes, retirez du four et laissez refroidir.
- Faites fondre le chocolat au bain marie, mélangez bien et trempez les macarons d'un seul côté.
- Disposez sur un plat couvert de papier cuisson.
- Faites durcir.

1

2

3

Meringues au chocolat

Préparation :
15 minutes

Cuisson :

Ingrédients

- 250 g de sucre semoule
- 1 blanc d'œuf
- 150 g de chocolat noir fondu
- 1 cuillerée à café de vanille

Préparation :

- Battez le blanc d'œuf à l'aide d'un fouet électrique à une vitesse moyenne, ajoutez la vanille.
- Incorporez deux cuillerées de sucre à chaque fois jusqu'à l'obtention d'une pâte, formez des doigts de 2,5 cm de long.
- Faites fondre le chocolat dans un bain marie, trempez l'extrémité des doigts dans le chocolat, mettez le reste de chocolat dans un sac en plastique perforé, appuyez pour faire sortir un fil de chocolat , décorez les doigts.
- Disposez ces doigts sur un plat, mettez au réfrigérateur pour durcir
- À consommer froid.

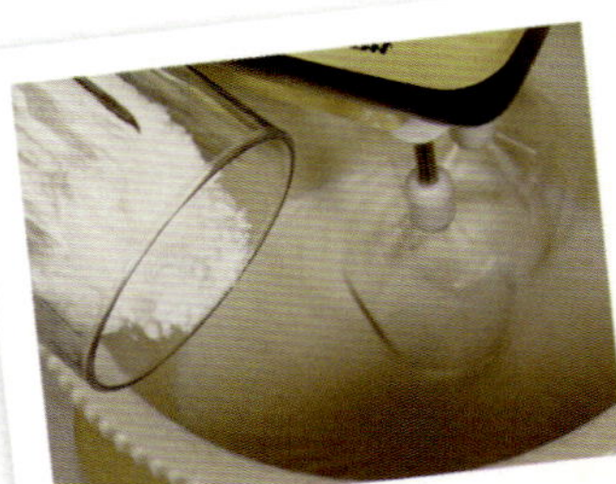

1

2

3

Biscuits meringues croustillants

Préparation : 20 minutes

Cuisson : de 25 à 30 minutes

Ingrédients

Quantité pour 30 pièces
- 2 blancs d'œufs
- 1 pincée de sel
- 125 g de sucre
- 35 g de corn flakes concassés
- 125 g de chocolat râpé
- 2 cuillerées à soupe de chocolat en poudre

Préparation :

- Battez les blancs d'œuf en neige, ajoutez le sucre petit à petit jusqu'à épaississement du mélange.
- Incorporez le corn flakes et le chocolat, remuez à l'aide d'une cuillère en métal
- Disposez une cuillerée à soupe de ce mélange sur une plaque couverte de papier cuisson, laissez des intervalles de 2 cm entre les meringues.
- Faites cuire dans le four pendant 25 à 30 minutes.
- Saupoudrez de chocolat en poudre les biscuits encore chauds.
- À conserver dans une boîte pendant 1 semaine.

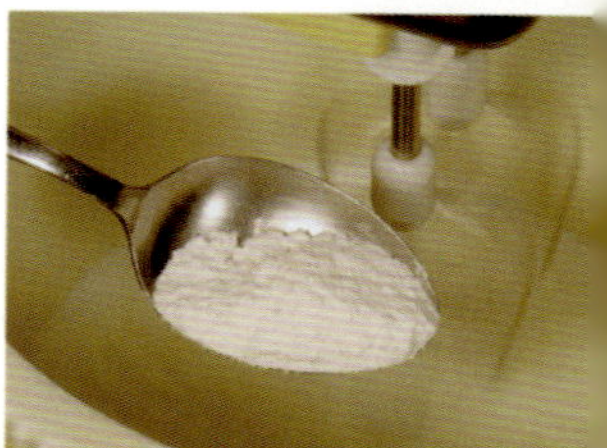

1

2
3

Chocolat aux fruits confis et aux fruits secs

Préparation : 25 minutes

Cuisson : 3 minutes

Ingrédients

Quantité pour 40 pièces environ
- 125 g de chocolat noir
- 125 g de chocolat blanc
- 125 g de fruits secs
- 125 g de fruits confis

Préparation :

- Faites fondre le chocolat noir et le chocolat blanc séparés dans un bain marie.
- Laissez refroidir un peu.
- Incorporez les fruits secs dans le chocolat noir.
- Incorporez les fruits confis dans le chocolat blanc.
- Versez les deux chocolats dans des moules de pâtisserie, laissez durcir avant de conserver.
- Conserver dans une boîte à l'abri de l'humidité pendant 4 semaines.

1

2

3

Cigarettes au chocolat

Préparation :
15 minutes

Cuisson :
6 minutes

Ingrédients

Quantité pour 25 pièces
- 60 g de beurre
- 2 cuillerées à soupe de sirop
- 2 cuillerées à soupe de farine
- 80 g de sucre brun
- 1 cuillerée à café et 1/2 de gingembre en poudre
- 100 g de chocolat noir fondu

Préparation :

- Couvrez deux plaques de papier cuisson.
- Dans un faitout, mélangez le beurre, le sirop et le sucre brun, portez sur feu doux jusqu'à dissolution du sucre, retirez du feu.
- Ajoutez la farine après l'avoir tamisé et le gingembre, malaxez à l'aide d'une cuillère en bois
- Versez une cuillerée du mélange sur la plaque, étalez pour obtenir un cercle de 8 cm de diamètre, laissez un intervalle de 10 cm entre les cercles de pâte.
- Mettez au four à 180 ° pendant 5 à 6 minutes. Quand les cercles se perforent, retirez et laissez refroidir pour quelques secondes, enroulez pour former des cigarettes, il faut le faire en vitesse avant qu'ils durcissent.
- Trempez l'extrémité des cigarettes dans le chocolat fondu, laissez refroidir sur un gril, saupoudrez délicatement de sucre glace.

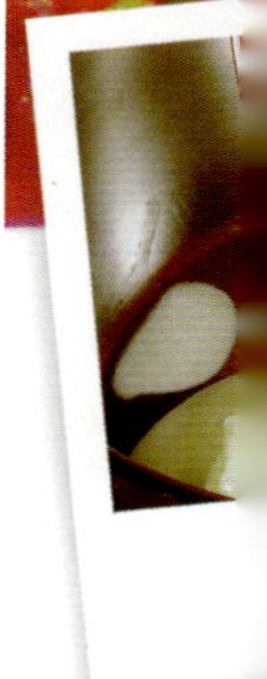

1
2
3

Triangles de chocolat

Préparation :
30 minutes

Cuisson :
1 H au
réfrigérateur

Ingrédients

- 2 œufs
- 100 g de beurre fondu
- 100 g de cacao en poudre
- 2 paquets de biscuits de 200g

pour la garniture :

- 1 cuillerée à soupe de sucre semoule

Préparation :

- Battez les œufs avec le beurre fondu jusqu'à rendre crémeux, ajoutez le cacao en poudre, mélangez bien.
- Écrasez les biscuits, mettez dans une casserole, ajoutez le 1er mélange, mettez sur feu doux , remuez pendant 10 minutes.
- Saupoudrez le papier cuisson de sucre, versez le mélange et formez des triangles.
- Mettez au réfrigérateur pendant une heure.
- Retirez et découpez en morceau de 1cm (voir photo N°4)
- À conservez dans une boîte pendant une semaine.

1

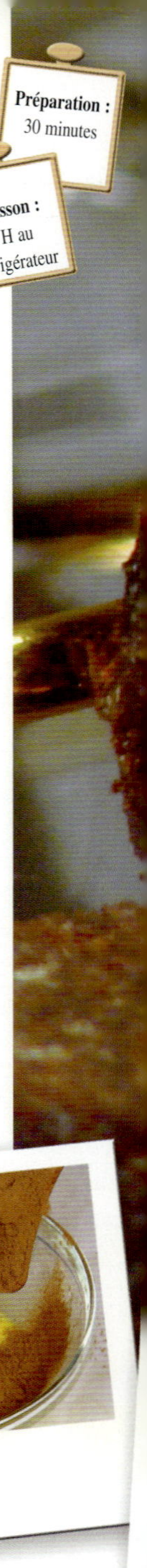

2

3

4

Amandes caramélisées

Préparation :
15 minutes

Cuisson :
20 minutes

Ingrédients

- 90 g d'amandes effilées et grillées
- 160 g de sucre
- 125 ml d'eau
- 150 g de chocolat noir

Préparation :

- Couvrez un plat à four de papier cuisson
- Disposez les amandes effilées.
- Dans une casserole, faites chauffer l'eau et le sucre sur feu doux, remuer jusqu'à dissolution du sucre sans bouillir.
- À l'aide d'un pinceau imbibé d'eau, badigeonnez les parois de la casserole pour que le sirop ne colle pas.
- Augmentez le feu et laissez bouillir jusqu'à obtenir un caramel doré.
- Versez immédiatement sur les amandes et laissez durcir
- Coupez le nougat obtenu en triangles ou selon goût.
- Faites fondre le chocolat dans un bain marie ou au micro-ondes, trempez la moitié du triangle de nougat dans le chocolat, disposez sur le papier de cuisson.

1
2

Moelleux à la noix de coco

Préparation :
40 minutes

Cuisson :
20 minutes

Ingrédients

Quantité pour 60 pièces

- 4 œufs
- 1 pincée de sel
  150 g de sucre
- 2 cuillerées à soupe de cacao en poudre
- 1 cuillerée à soupe d'amidon
- 40 grs de farine
- 1 cuillerée à café de levure

pour la crème au chocolat :

- 350 g de sucre semoule
- 60 g de cacao en poudre
- 90 g de beurre découpé en morceaux
- 185 ml d'eau bouillante
- 1 cuillerée à soupe de nescafé
- 250 g d'écorce de noix de coco

Préparation :

- À l'aide d'un fouet électrique battez les blancs d'œuf en neige avec une pincée de sel, ajoutez petit à petit le sucre , continuez de fouetter jusqu'à dissolution du sucre et épaississement du mélange.
- Ajoutez le jaune d'œuf et mélangez, ajoutez la farine, la levure et le cacao, remuez délicatement.
- Versez le mélange dans un moule rectangulaire (20 cm/ 30cm) couvert de papier cuisson.
- Mettez au four à température moyenne pendant 20 minutes, la surface reste moelleuse.
- Laissez refroidir pendant 5 minutes puis démoulez sur un gril, découpez en carrés de 3 cm.
- **Pour la crème au chocolat** : tamisez le cacao en poudre et le sucre dans un bol, ajoutez le beurre ramolli et le café dissout dans de l'eau chaude, mélangez bien tous les ingrédients pour rendre homogènes.
- Versez la noix de coco râpée dans une assiette.
- Prenez les carrés de biscuits par deux fourchettes, trempez dans la crème au chocolat.
- Enrobez ensuite dans la noix de coco râpée, laissez sécher sur un gril pendant une heure au minimum avant de présenter.
- À consommer rapidement avant de durcir.

1
2
3
4

Biscuits à la noix de coco

Préparation : 30 minutes

Cuisson : 20 minutes

Ingrédients

- 60 g de beurre fondu
- 100 g de sucre
- 175 g de farine
- 1 cuillerée à café de levure chimique
- 2 œufs battus
- 10 cl de crème fraîche battue
- 2 cuillerées à soupe d'eau de rose ou de géranium
- 50 g de noix de coco râpée
- 30 g de noix râpées
- 175 g de sucre brun
- 50 g de beurre (1 cuillerée)

Préparation :

- Fouettez le beurre et le sucre jusqu'à obtenir un aspect crémeux.
- Tamisez la farine pour l'alléger et mélangez-la avec la levure .
- Mélangez la crème fraîche fouettée , les œufs battus et l'eau de rose.
- Incorporez en alternance la farine et le mélange de crème fraîche et les œufs battus au mélange du beurre et du sucre jusqu'à ce que tout soit homogène.
- Versez ce mélange dans un moule rectangulaire, mettez au four pendant 15 à 20 minutes.
- Entre-temps, faites fondre le beurre restant, ajoutez le sucre brun et la crème épaisse, portez sur feu pendant 2 minutes.
- Arrosez le gâteau encore chaud de ce mélange.
- Mélangez la noix de coco et la noix, saupoudrez le gâteau, remettez au four chaud pendant 5 minutes, laissez refroidir, découpez en carrés de 3 cm.

1
2
3
4

Cookies bicolores

Préparation :
15 minutes

Cuisson :
15 minutes

Ingrédients

- 125 g de beurre
- 250 g de sucre brun
- 2 cuillerées à café d'extrait de vanille
- 2 œufs battus
- 1 cuillerée à café de levure chimique
- 300 g de farine
- 150 g de pépites de chocolat noir
- 2 cuillerées à soupe de cacao en poudre

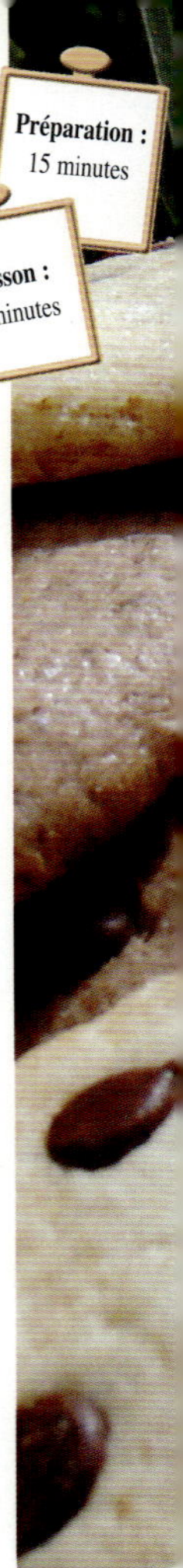

Préparation :

- Dans un bol, fouettez le beurre et le sucre pour obtenir un aspect crémeux, ajoutez l'extrait de vanille.
- Ajoutez les 2 œufs en continuant de fouetter.
- Mélanger la levure avec la farine, incorporez petit à petit au mélange précédent en mélangeant à l'aide d'une cuillère en métal, ajoutez les pépites de chocolat.
- Versez la moitié du mélange dans un autre bol et ajoutez le cacao en poudre, bien malaxez.
- Prenez une cuillerée du 1er mélange, disposez sur la plaque à four couverte de papier cuisson, laissez assez d'espace entre les pièces parce qu'elles gonflent, appuyez légèrement sur leurs surfaces.
- Faites la même chose avec le mélange au cacao.
- Mettez au four à température moyenne (180°) pendant 15 minutes, ou jusqu'à cuisson, ainsi vous obtiendrez des cookies jaunes et marrons.

1
2
3

Financier

Préparation : 25 minutes

Cuisson : 20 minutes

Ingrédients

- 100 g de farine spéciale gâteaux, 1 pincée de sel
- 1 sachet de vanille
- 250 g de sucre
- 140 g d'amandes moulues
- 8 blancs d'œufs
- 1 pincée de sel
- 250 g de beurre fondu
- 2 cuillerées à soupe de chocolat pour la sauce au chocolat
- 150 g de chocolat
- 3 cuillerées à soupe de crème fraîche
- 1 cuillerée à soupe de cacao en poudre

Préparation :

- Dans un grand bol, mélangez la vanille, le sucre, la poudre d'amandes et la farine.
- Battez les blancs d'œufs en neige avec une pincée de sel, incorporez le 1er mélange, remuez délicatement en tournant de bas en haut.
- Ajoutez le beurre fondu et les ficelles de chocolat, remuez délicatement
- Remplissez le moule en papier sulfurisé avec le mélange.
- Mettez au four préchauffé à 180 ° pendant 20 minutes environ.
- Faites fondre le chocolat au bain-marie, ajoutez la crème fraîche et le cacao, remuez pour devenir homogène.
- Retirez le biscuit du moule, remplissez de sauce au chocolat, laissez refroidir.
- À conserver dans une boîte pendant 15 jours.

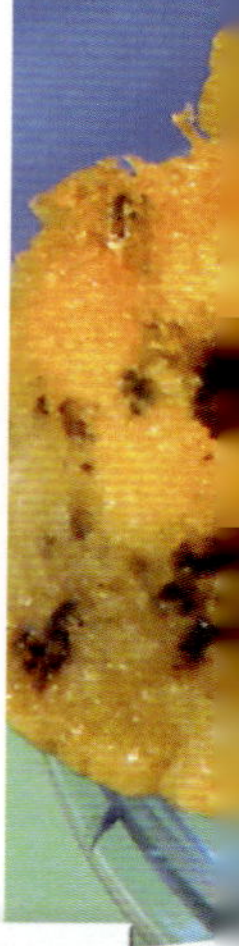

1

2
3
4

Biscottes

Ingrédients

- 2 œufs
- 1 blanc d'œuf
- 200 g de sucre
- 15 cl d'huile
- 2 cuillerées à café de vanille
- 3 cuillerées à café de levure chimique
- 300 g de farine spéciale gâteaux

Pour la décoration :

- 1 cuillerée à café de cacao en poudre et 1 jaune d'œuf

Préparation :

- Dans un bol, battez les 2 œufs et le blanc d'œuf avec le sucre jusqu'à obtention d'une crème molle.
- Ajoutez l'huile et la vanille, remuez.
- Mélangez la levure avec la farine, incorporez-les au mélange délicatement jusqu'à obtention d'une pâte souple.
- Formez des bâtonnets larges, disposez-les sur un plat à four beurré, badigeonnez les bâtonnets avec le jaune d'œuf battu et saupoudrez de cacao en poudre.
- À l'aide d'une fourchette, dessinez des lignes croisées.
- Mettez au four à température moyenne pendant 15 minutes.
- Retirez du four et laissez refroidir quelques minutes, découpez en tranches de 2 cm de largeur. Ce biscuit peut être présenté au petit déjeuner.
- À conserver dans une boîte pendant 1 semaine.

1
2
3

Boulettes d'amandes

Préparation : 40 minutes

Cuisson : 15 minutes

Ingrédients

- 500 g d'amandes
- 250 g de sucre
- 1 cuillerée à soupe d'eau de fleur d'oranger
- 12 feuilles de brik
- 2 blancs d'œuf
- 50 g de beurre fondu
- 1 verre de miel ou de sirop

Préparation :

- Faites bouillir les amandes, épluchez et laissez sécher au soleil ou dans un four à température moyenne, broyez avec le sucre et arrosez d'eau de fleur d'oranger, mélangez bien.
- Pliez les feuilles de brik pour obtenir un bâtonnet, coupez à l'aide de ciseaux en très petits morceaux, saupoudrez de beurre fondu.
- Formez des boulettes avec le mélange d'amandes, plongez-les dans le blanc d'œuf puis enrobez-les de feuilles de brik coupées.
- Disposez-les sur une plaque couverte de feuille de cuisson, mettez au four à 180° pendant 15 minutes.
- Retirez du four et plongez-les immédiatement dans le miel chauffé, retirez et mettez sur une passoire pour s'égoutter.
- À présenter froides.

3
4
5

Tartelettes aux amandes

Préparation : 40 minutes

Cuisson : 20 minutes

Ingrédients

Quantité pour 20 pièces

- 250 g de farine, 1 pincée de sel
- 60 g de beurre découpé en morceaux
- 1 cuillerée à soupe de sucre semoule
- 1 cuillerée à soupe de jus de citron

pour la farce :

- 1 œuf
- 2 cuillerées à soupe de cacao en poudre
  60 g de sucre
- 65 g de poudre d'amandes
- 3 cuillerées à soupe de crème fraîche
- 60 g de confiture d'abricot
- 20 amandes

Préparation :

- Mélangez la farine, le sel, le beurre et le sucre semoule pour rendre homogènes.
- Ajoutez le jus de citron, pétrissez bien jusqu'à obtention de pâte souple.
- Étalez la pâte sur une épaisseur de 6 mm, découpez en disques de 7 mm de diamètre, disposez dans les moules à tartelettes et mettez au réfrigérateur pendant 20 minutes.

Préparation de la farce :

- À l'aide d'un fouet électrique, battez l'œuf, ajoutez le cacao, l'amande en poudre et la crème fraîche, mélangez à l'aide d'une cuillère en métal.
- Remplissez les tartelettes par ce mélange, garnissez par une amande au centre.
- Mettez au four pendant 15 minutes, laissez refroidir un peu puis démoulez sur un gril.

1
2
3

Tuiles

Préparation : 8 minutes

Cuisson : 5 minutes

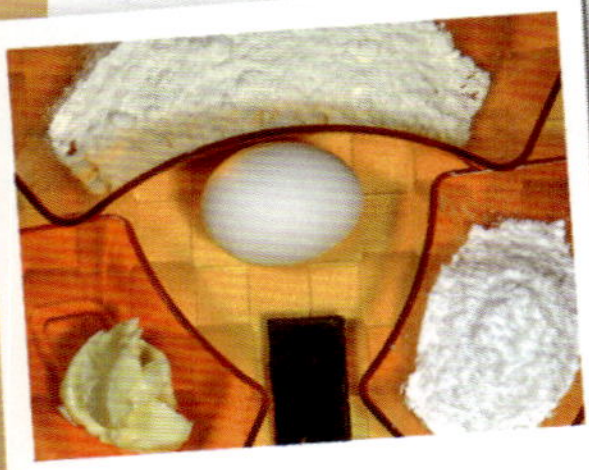

Ingrédients

- 80 g de farine spéciale gâteaux
- 60 g de sucre
- 30 g de beurre fondu
- 1 blanc d'œuf battu
- quelques gouttes d'extrait d'amandes ou d'autres extraits selon le goût

Préparation :

- Couvrez deux plaques de four par du papier cuisson, dessinez des cercles de 5 cm de diamètre.
- Dans un bol, tamisez la farine, ajoutez le sucre, creusez au centre et versez le beurre, l'œuf battu et l'extrait d'amande, mélangez à l'aide d'une cuillère en bois.
- Versez une 1/2 cuillerée à café de ce mélange sur chaque cercle, étalez sur la surface.
- Mettez au four pendant 5 minutes.
- Entre-temps préparez la 2ème plaque.
- Retirez du four, laissez quelques secondes puis disposez sur une bouteille ou un rouleau pour les galber, il faut faire vite avant de durcir.
- Les tuiles ne se conservent pas longtemps, à consommer pendant 2 ou 3 jours.

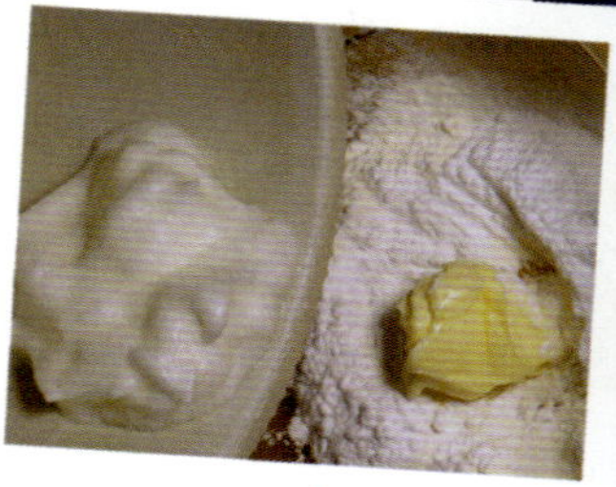

1

2
3

Bon appétit

Achevé d'imprimer (juin 2009)